ÉLOGE
DE
LOUIS XVI,
ROI DE FRANCE ET DE NAVARRE;

Prononcé, le 4 Août 1814, en présence des Autorités constituées, des Facultés et des Membres de l'Instruction publique;

Par M. ALEXANDRE-AUGUSTE JAMME, *Chevalier ès Lois, ex-Bâtonnier de l'ancien ordre des Avocats, Maître et Mainteneur de l'Académie des Jeux Floraux, Président de celle des Sciences, Inscriptions et Belles-Lettres, Professeur du Code civil en la Faculté de Droit, et Recteur de l'Académie Royale de Toulouse.*

TROISIÈME ÉDITION.

SUIVIE

D'un Discours prononcé par le même, le 21 Janvier 1815, dans une Séance publique de l'Académie des Sciences.

A TOULOUSE, DE L'IMPRIMERIE DE M.-J. DALLES, RUE ST.-ROME, N.° 5.

1816.

A SON ALTESSE ROYALE

Monseigneur

LE DUC D'ANGOULÊME,

GRAND AMIRAL DE FRANCE.

Monseigneur,

LA permission que votre Altesse Royale a daigné me donner de lui dédier l'Éloge de LOUIS XVI, *est une nouvelle preuve de la bienveillance dont elle m'a honoré, et la flatteuse récompense des sentimens que je n'ai pas craint de manifester dans les temps les plus difficiles.*

C'est dans les mains du Prince qui est venu consoler nos contrées, au milieu des bénédictions du Ciel et des acclamations de la Terre, que je dois déposer la douleur de la France et celle des Nations qui ont pleuré le meilleur des Rois.

Pour rappeler à la Patrie les vertus de LOUIS XVI, *je n'ai pas eu besoin des ressources d'une éloquence adulatrice. J'ai répété ses paroles, j'ai rapproché quelques actes de sa bonté, je l'ai peint d'après lui-même et avec ses propres couleurs. Si le temps avait pu affaiblir ces touchans souve-*

nirs, je l'aurais montré tel que vous parutes à nos yeux, Monseigneur, lorsque la Providence vous amena dans nos murs, pour essuyer des larmes que vous n'aviez pas fait répandre, et réparer des maux que vous n'aviez pas causés.

Le signal de notre délivrance n'était pas encore parvenu jusqu'à nous, lorsque nos cœurs s'élançant au devant du vôtre, remettaient aux descendans d'Henri IV un héritage destiné à perpétuer la gloire de huit siècles de bons Rois, sur le premier Trône du monde.

Je suis avec le plus profond respect,

MONSEIGNEUR,

De votre Altesse Royale,

Le très-humble et très-obéissant serviteur,

JAMME.

ÉLOGE
DE
LOUIS XVI,
ROI DE FRANCE ET DE NAVARRE.

MESSIEURS,

QUAND j'exprimais, il y a quarante ans, les regrets de l'Académie des Jeux Floraux, sur la tombe de Louis XV, aurais-je pu prévoir, que le successeur de 66 Rois, l'héritier des vertus éminentes de ceux qui ont le plus honoré la Royauté, serait traîné sur l'échafaud, et que je serais destiné à rouvrir aujourd'hui l'effroyable plaie que la plus infernale férocité a faite à la France? Faut-il que ma voix soit encore l'écho de la douleur publique?

Ministres du très-haut, félicitez-vous de trouver dans la religion, des ressources qui manquent à l'éloquence humaine. Les cieux s'ouvrent devant vous, et s'enrichissent des pertes de la terre. Le supplice d'un Roi innocent n'est à vos yeux, qu'un échange d'une couronne périssable contre une couronne immortelle, ses souffrances ne sont que la source d'une éternelle félicité, et vous ne voyez dans sa mort, que la palme triomphale du martyre.

Grand Dieu, que vos jugemens sont impénétrables ! La dépravation des mœurs, l'esprit d'irréligion qui s'était répandu dans presque tous les rangs de la société, l'audace de cette philosophie impie qui voulait braver votre toute-puissance, avaient-ils comblé la mesure des vases de votre colère ? Est-ce pour punir les peuples, que votre foudre tombe sur la tête des Rois ? Le Trône des français avait-il besoin d'être épuré par le sang d'une grande victime ! ma raison s'égare, se confond, et ne peut que se prosterner devant les décrets de votre providence.

En attendant que le burin de l'histoire ait rassemblé toutes les horreurs qui doivent épouvanter les races futures, allons porter sur le tombeau de ce bon Roi, le tribut d'amour et de reconnaissance, que la France doit à cette candeur, cette douceur de mœurs, ce fond d'humanité, cette heureuse réunion de vertus capables de faire le bonheur d'un peuple qui aurait su les apprécier.

Mais je parle de tombeau, et je cherche en vain l'asile où ses cendres reposent. La rage qui l'a poursuivi pendant sa vie, ne devait pas être assouvie par sa mort; on eut recours à l'art impie qui dévora sa dépouille mortelle (*), afin que les français fidèles n'eussent pas la consolation de pleurer sur les ossemens du juste.

Il ne reste donc de ce Roi vertueux, sur cette terre coupa-

(*) On sait, que son corps fut jeté dans la chaux vive.

ble, que le souvenir de la bonté de son cœur et de l'héroïsme de son ame.

C'est ce double tableau, que je vais exposer à vos yeux, Messieurs, en recueillant dans sa vie privée et publique, les faits les plus propres à le caractériser.

PREMIÈRE PARTIE.

Il y a peu d'hommes dont on puisse retracer toutes les actions, sans en trouver aucune dont les motifs soient dignes de blâme. C'est un avantage qu'on ne peut refuser à la mémoire de Louis XVI, que la France et l'univers entier ont proclamé *le plus honnête homme de son royaume.*

Je laisse aux historiens à le suivre pas à pas depuis son berceau jusqu'à sa mort. Les bornes d'un éloge ne me permettent point de me livrer à ce détail intéressant.

Je laisse à l'éloquence ces prestiges de style, ce luxe d'expressions, ces mouvemens oratoires dont la plupart des panégyristes ont besoin, pour enrichir des sujets stériles et prêter à leurs héros les qualités et les sentimens que leur rang et leur situation demandaient.

En jetant les yeux sur le vaste théatre de la révolution française, regardée comme l'événement le plus extraordinaire des temps modernes, au milieu de la lutte des partis et du choc des passions inséparables des convulsions politiques, il n'y a rien de plus difficile que d'observer avec calme, et de juger avec impartialité, les acteurs de ces scènes mémorables.

Le moyen le plus sûr de les montrer tels qu'ils sont, est de les dépouiller, pour ainsi dire, de cette ame d'emprunt qu'ils doivent souvent aux circonstances.

S'il s'agit du caractère des rois, il faut se prémunir contre l'opinion que l'adulation ou l'intérêt peuvent avoir formée pendant leur vie : c'est lorsque la mort a déchiré le voile qui couvrait leurs actions, qu'ils vont prendre pour toujours la place que la postérité leur assigne.

En les confrontant avec les faits qui leur sont personnels, avec leurs écrits, leurs pensées, l'épanchement de leur ame, les effusions de cœur confiées à l'intime amitié, on est assuré de ne pas se méprendre dans le jugement qu'on en portera.

C'est par des faits de ce genre, qu'il sera aisé de nous fixer sur la mémoire de Louis XVI.

Sur les marches du trône et sur le trône même, partout la bonté de son cœur se manifestera ; monument plus durable que ces mausolées magnifiques construits à grands frais, ces statues de marbre ou de bronze que le temps dévore en silence, et que les grandes catastrophes renversent avec éclat.

Vous le savez, Messieurs, Louis XVI, nommé Duc de Berry, naquit le 23 août 1754, de Louis Dauphin de France, et de Marie Josephe de Saxe, dont l'union, le modèle de l'amour conjugal, fut bénie de la naissance de plusieurs princes qui furent élevés dans le sanctuaire de la religion et à l'école de la vertu. La France en fut témoin, et ils nous en fournissent chaque jour eux-mêmes la preuve la plus convaincante.

Monsieur le Dauphin ayant perdu le *Duc de Bourgogne* son fils aîné, donna une attention particulière à l'éducation du Duc de Berry.

Les progrès de tous les genres ne pouvaient être que rapides sous un père qui réunissait dans son esprit tout ce que l'étude peut acquérir, et dans son cœur toutes les vertus que la sagesse peut inspirer.

Les leçons d'humanité et de bienfaisance, animées par l'exemple, découlaient du cœur de ce prince auguste, sur celui de ses enfans, comme sur un sol que ses mains paternelles avaient préparé à les recevoir.

Après la mort de Monsieur le Dauphin, le Duc de Berry n'avait plus qu'un pas à faire pour parvenir au trône.

O trop malheureux prince, la capitale vit avec attendrissement, qu'au lieu de penser à cette triste prérogative, vous futes inconsolable de la mort d'un père dont tout vous retraçait l'image et le souvenir !

On n'a pas oublié que la première fois que vous parûtes, après cette fatale époque, dans les galeries de Versailles, ayant entendu crier *place à Monseigneur le Dauphin*, ce cri perça votre cœur d'une douleur si profonde, que tous vos sens vous abandonnèrent ; l'on put présager dès-lors le caractère de bonté que vous deviez imprimer à toutes les actions de votre vie.

A peine futes-vous instruit du désastre survenu pendant la fête consacrée par la ville de Paris, à la célébration de votre mariage, que la pénible situation de votre ame se manifesta dans votre lettre au lieutenant général de police.

« J'ai appris les malheurs arrivés à mon occasion ; j'en suis « pénétré. On me remet dans ce moment ce que le Roi me « donne tous les mois pour mes menus plaisirs : je ne puis « disposer que de cela ; je vous l'envoie, secourez les plus « malheureux. »

La passion de Louis était de porter en secret des consolations et des secours dans le sein des familles dont il connaissait les besoins ; il regardait comme une bonne fortune de se conformer ainsi aux sentimens de son vertueux père ; ce fut la touchante expression dont il se servit un jour qu'il fut surpris par quelques-uns de ses officiers, au sortir d'un des asiles de l'indigence ; *il est bien singulier*, leur dit-il avec une aimable gaieté, *que je ne puisse aller en bonne fortune, sans qu'on le sache.*

Sa vie privée me fournirait une foule d'anecdotes de ce genre, où le cœur se peint sans apprêt et sans déguisement.

Résolu à ne point en surcharger ce discours, je ne saurais cependant omettre, que sa bienfaisance alla chercher des malheureux, même au-delà des mers.

Un capitaine de navire échoue sur une des côtes de la Guinée : après un long et dur esclavage, il parvient à briser ses fers. De retour en France, il déplore le sort de sept hommes de l'équipage qui gémissent sous le joug des barbares.

Louis l'apprend, son cœur en est ému : deux bâtimens volent à leur secours, trois des captifs avaient péri, les quatre viennent bénir la main qui les a rendus à la liberté.

Mais la scène change : à vingt ans il est salué Roi de France et de Navarre. Son élévation l'épouvante, il frémit à l'aspect du poids de la couronne, *ô mon Dieu*, s'écrie-t-il, à l'exemple de Salomon, *mon Dieu, aidez mon insuffisance.*

Ce n'est qu'en se prosternant devant ce Dieu de force et de bonté, qu'il ose envisager ce redoutable fardeau, et ne monte sur le vaisseau de l'État que dans la confiance, que le secours de la religion le garantira des épreuves et des écueils de la royauté ; la religion était pour lui cette armure divine dont allaient se revêtir les héros de l'antiquité, pour s'assurer de leur triomphe dans les combats les plus difficiles et les plus périlleux.

Français, le ciel a prévenu vos vœux, il vous accorde un

roi tel que vous pouviez le désirer ; un roi sage et éclairé, dont les connaissances sont au niveau des progrès des lumières, et dont la maturité a devancé le cours des années ; un roi dont les mœurs irréprochables doivent commander le respect aux cœurs même les plus corrompus ; un roi religieux dont la pureté des vertus n'a jamais été ternie par la dépravation générale, et qui a senti que ce n'est qu'en tenant sa tête dans les cieux, qu'on peut échapper aux vapeurs de la terre ; un roi qui par l'amour de l'ordre et de l'économie, employera tous les moyens possibles pour rétablir la confiance publique, et réparer le délabrement de vos finances ; un roi pacifique qui connait le prix du sang de ses sujets, et qui, par la rectitude de son esprit et la bonté de son cœur, doit régner sur son peuple comme un père tendre et vigilant règne sur une famille au bonheur de laquelle il est toujours prêt à tout sacrifier ; un roi, enfin, que vous auriez choisi, si la loi avait eu besoin de vos suffrages. Ah ! si la France peut être régénérée, si elle peut être sauvée, c'est par lui qu'elle le sera.

Aussi le verrez-vous subordonner toujours ses intérêts aux vôtres ; se nourrir dans la retraite, des sentimens inspirés par la religion, la bienfaisance et l'humanité ; éclairer son esprit par la lecture approfondie des meilleurs écrivains ; les enrichir même de réflexions lumineuses ; correspondre avec les artistes les plus utiles à la société, et avec les savans les plus distingués ; tracer d'une main hardie et sûre la route que doit tenir La Pérouse, pour tenter un passage, par le nord, dans les mers de l'Inde ; (*) opposer la sévérité des principes et l'auto-

---

(1) Il avait fait écrire son mémoire par une main étrangère. Après le

rité de l'exemple à la décadence des mœurs ; recueillir dans l'histoire ancienne et moderne les leçons que le passé donne à l'avenir, et puiser dans les annales de la nation l'horreur des désastres de la guerre, et de ces dissentions civiles qui la déchirèrent trop souvent.

Son amour de la paix doit redoubler notre vénération pour sa mémoire : afin d'en sentir doublement le prix, rappelons-nous ces épouvantables époques, où nous avons gémi pendant si long-temps sous la verge de fer dont la providence s'est servie, pour faire subir à la France sa peine expiatoire.

Mais n'anticipons pas les événemens, Louis vient de monter sur le trône ; suivons-le dans cette nouvelle carrière, et voyons si la pompe, si l'éclat de la toute-puissance ont changé ou altéré cette bonté naturelle, ces sentimens d'humanité et de justice qui caractérisent les bons Rois.

Pour se donner des coopérateurs capables d'améliorer le sort de la France, il s'entoure de ces hommes dont l'opinion publique semblait lui garantir les lumières, la sagesse et la probité.

Il trouve les départemens de chaque ministère grevés d'une dette regardée alors comme immense, et depuis long-temps arriérée ; une somme de plus de soixante-dix-huit millions est dévorée d'avance sur les revenus de l'état ; la dépense excède la recette de plus de vingt-deux millions : les rentiers tremblaient pour leurs capitaux, le découragement était géné-

---

plus mûr examen, le conseil le préféra à tous les autres, ainsi que le plan qui l'accompagnait.

Trois mois après le départ de M. de La Pérouse, le ministre de la marine ayant témoigné son étonnement du secret qui avait été gardé, *j'ai voulu*, lui dit-il, *qu'on jugeât la chose et non pas le Roi.*

ral, et le trésor public épuisé, ne pouvait suffire à la multiplicité des demandes. Voilà le poids accablant que la royauté imposait à Louis, voilà le gouffre qu'il avait à combler.

C'est dans son cœur, c'est dans son amour pour ses peuples, qu'il va puiser la généreuse résolution de venir au secours de l'état.

Son premier édit ressemble plutôt au langage d'un père tendre, qu'à l'expression d'un souverain.

« Notre premier désir » dit-il » est de rendre nos peuples
« heureux.......

« Il est des dépenses qui tiennent à notre personne et au
« faste de notre cour. *Sur celles-là nous pourrons suivre*
« *promptement les mouvemens de notre cœur*, de tels sacri-
« fices ne nous coûteront rien : *le bonheur de nos sujets*
« *fera notre gloire, et le bien que nous pourrons leur faire*,
« *sera la plus douce récompense de nos travaux.* »

Il veut que cet édit soit le gage de ses intentions, et la preuve, qu'il a commencé son règne comme Antonin et Louis XII, en abandonnant le droit de joyeux avénement à la couronne.

L'assemblée nationale le consulte sur des réformes qu'elle projette de faire dans la maison du roi.

« Assurez » lui répond Louis « des fonds pour le paye-
« ment des créanciers de l'état : *ce qui me regarde person-*
« *nellement est la moindre de mes inquiétudes.* »

C'est dans les mêmes sentimens qu'il lui écrivait dans une autre occasion : « pourvu que la liberté et l'ordre public,
« ces deux sources de la prospérité de l'état soient assurés,
« ce qui me manquera en jouissances personnelles, je le

« trouverai et bien au-delà dans la satisfaction attachée au
« spectacle journalier de la félicité publique.

« Je crois n'avoir pas besoin » lui écrivit-il encore, « de « vous rappeler le peu d'importance que je mets à ce qui « touche mes intérêts, et combien je les subordonne à l'in- « térêt public.

« *Mes plus grands intérêts sont ceux de la nation et le « soulagement des peuples, ce sont ceux-là qui me tou- « chent le plus essentiellement, et qui me sont vraiment « personnels.* »

Avec de pareils sacrifices qui ne lui coûtèrent jamais ni efforts ni regrets, la restauration des finances s'opérait tous les jours. Il monta sur le trône au mois de mai 1774, et dès le commencement de 1776, il avait déjà remboursé 24 millions de la dette exigible, 50 millions de la dette constituée, et 28 d'anticipations.

La France avait perdu sa marine : dans l'espace de deux ans, elle en forme une, capable de soutenir dignement l'honneur du pavillon français ; et cette création qui tenait du prodige, se fit sans aucun impôt.

L'histoire recueillera avec admiration son discours d'ouverture des états-généraux.

Celui qu'il prononça dans la séance royale du 28 juin (*) doit faire époque dans les annales du monde.

Ce discours qui, sans porter atteinte à la majesté du trône, fait concourir la justice, la bienfaisance, la réforme des abus dénoncés dans les cahiers des doléances, et les sacrifices personnels, aurait satisfait tous les esprits et concilié tous les

(*) 1789.

cœurs, si le perfide ministre, cet étranger qui avait juré d'établir une république sur les débris de la monarchie, n'avait eu l'art de retarder cette séance jusqu'à ce qu'il eût préparé les factieux à la rendre inutile.

Peut-on rappeler sans attendrissement les paroles qu'il adressa (*) à l'assemblée nationale.

« Vous » dit-il « qui pouvez influer, par tant de moyens,
« sur la confiance publique, éclairez, sur ses véritables inté-
« rêts le peuple qu'on égare, ce bon peuple qui m'est si cher,
« et dont on m'assure que je suis aimé, quand on veut me
« consoler de mes peines ; ah ! s'il savait à quel point je suis
« malheureux à la nouvelle d'un attentat contre les fortunes,
« ou d'un acte de violence contre les personnes, peut-être
« il m'épargnerait cette douloureuse amertume. »

Mais laissons là les discours solennels. Nous trouverons encore les vrais sentimens de Louis dans ces lettres familières, l'image de la pensée et le miroir de l'ame, où l'on se parle à soi-même, où le cœur coule, pour ainsi dire, sur le papier. C'est là que, sans y songer, on fixe la place qu'on doit occuper dans l'histoire.

Ces lettres auront le double avantage de montrer à la postérité l'ame toute entière de Louis XVI, et de présenter, sous leur véritable jour, les événemens extraordinaires dont je vous dois, Messieurs, le fidèle récit.

Prenons quelques fragmens d'une lettre écrite à un des instituteurs de son fils, (**) dans laquelle il semble soulever le voile de l'avenir. Nous y verrons et le fruit de ses études, et

---

(*) Le 4 février 1790.
(**) 11 mars 1791.

les grandes leçons dont il voulait nourrir le cœur de l'hérir, de sa couronne, pour le rendre digne de l'amour des Français.

« Vous me demandez des instructions propres à diriger « l'éducation de Monsieur le Dauphin, dans cet âge tendre « où les passions n'ont point encore parlé, où la raison « cependant laisse à l'enfant la volonté et le pouvoir d'ap- « prendre.

« Ces instructions me paraissent d'autant plus utiles, qu'il « existe peu d'ouvrages qui puissent guider les instituteurs. « Voici les réflexions qui m'ont été suggérées par la lecture « des bons écrivains, et que j'ai essayé de tracer avec toute « la clarté possible. Je l'ai fait avec ce zèle que dictent la ten- « dresse d'un père et le sentiment d'un homme vivement péné- « tré des devoirs qu'inspire le rang où mon fils est appelé par « sa naissance.

« Apprenez-lui, de bonne heure, à savoir pardonner l'in- « jure, à oublier l'injustice, à récompenser les actions loua- « bles, à respecter les mœurs, à être bon, à reconnaître les « services qui lui ont été rendus.

« Parlez-lui souvent de la gloire de ses aïeux, et offrez- « lui pour modèle de conduite Louis IX, héros religieux; « Louis XII qui ne veut point punir les injures faites au duc « d'Orléans, et qui reçoit des Français le titre de père du « peuple; le grand Henri, qui nourrit la ville de *Paris pen- « dant qu'elle l'outrage et lui fait la guerre;* Louis XIV, « non lorsqu'il donne des lois à l'Europe, mais lorsqu'il pacifie « l'univers, et qu'il est le protecteur des talens, des sciences « et des beaux arts.

« Ce n'est point des exploits d'Alexandre, ni de Charles XII « dont il faut entretenir votre élève : ces princes sont des météores

« météores qui ont dévasté la terre. Parlez-lui des princes qui « ont protégé le commerce, agrandi la sphère des arts, enfin, « des rois tels qu'il les faut aux peuples, et non tels que l'his- « toire se plait à les louer.

« Parlez-lui » ajoute-t-il » et toujours avec respect de « Dieu, de ses attributs et de son culte; prouvez-lui que « l'autorité des rois vient de Dieu; et que s'il ne croit pas à « la puissance du Maître des rois, il sera bientôt la victime « de ces hommes qui ne croient rien, méprisent l'autorité, « et s'imaginent être les égaux des rois.

« Qu'il apprenne, dès à présent, que la religion est digne « de tous ses hommages; que l'incrédulité et la fausse philo- « sophie minent sourdement les trônes, et que l'autel est le « rempart des rois.

« Méfiez-vous de tous ces principes erronés, enfans per- « dus de la nouveauté, de l'esprit du siècle, et du poison « de l'incrédulité.

« Loin de lui tous les ouvrages où la philosophie prétend « juger Dieu, son culte, son église et sa loi divine.

« Souvenez-vous de lui enseigner que c'est lorsqu'on peut « tout, qu'il faut être très-sobre de son autorité. Les lois « sont les colonnes du trône : si on les viole, les peuples se « croient déliés de leurs engagemens.

« J'aurais encore bien des choses à vous dire que me dic- « tent ma tendresse pour mon fils, et le désir de former son « cœur et son esprit.... J'ai besoin de vous voir quelquefois; « venez avec votre élève, au milieu des chagrins qui déchirent « mon ame, mon unique consolation est dans mon fils. »

Ici, Messieurs, le cœur se déchire. Suspendons nos larmes et sur le père et sur le fils, et voyons comment ce bon roi parle le langage de l'amitié.

« Je n'ai pu vous exprimer assez dans notre dernier entre-« tien, mon cher Malesherbes, tout le déplaisir que me cau-« sait votre résolution bien prononcée de vous démettre de « votre ministère. Maintenant que j'ai réfléchi avec quelque « maturité sur cet objet, je vais vous ouvrir mon cœur, et « je transmets mes idées sur le papier, pour qu'elles ne « s'échappent point de ma mémoire.

« Entouré, comme je le suis, d'hommes qui ont intérêt « à égarer mes principes, à empêcher que l'opinion publi-« que ne parvienne jusqu'à moi, il est de la plus haute impor-« tance, pour la prospérité de mon règne, que mes yeux de « temps en temps se reposent avec satisfaction sur quelques Sa-« ges de mon choix, que je puisse appeler les amis de mon cœur, « et qui m'avertissent de mes erreurs avant qu'elles aient influé « sur la destinée de vingt-quatre millions d'hommes.....

« Je suis obligé de renvoyer à des temps plus heureux le « moment si cher à mon cœur, où bannissant une vaine pompe, « je n'aurai plus d'autre maison que les hommes de bien tels « que vous, et pour gardes que les cœurs des Français........ « Restez au ministère, mon cher Malesherbes, votre franchise « m'est nécessaire encore, et vous la devez à votre ami, si « vous ne la devez pas à votre Roi (*). »

Ah! prince, digne d'un meilleur sort, en lui ouvrant votre cœur, vous avez dû lire dans le sien. Il bravera tous les dangers, partagera toutes vos douleurs, versera dans votre ame

(*) Lettres du 17 avril et 16 mai 1776.

tous les genres de consolation, et la férocité s'abreuvera de son sang, pour le punir de sa fidélité et de son courage.

Mais poursuivons :

« Vous avez trouvé, Madame, à la cour de St.-James » écrit-il à la princesse de Lamballe « une terre hospitalière, « un peuple tranquille et fier des lois qui le protègent ; vous « devez être bien heureuse, et vous voulez nous sacrifier votre « bonheur ! vous voulez revenir près de nous, partager nos « peines et celles de la reine ; ce dévouement est trop noble « et trop généreux, pour que je ne vous engage à en suspendre « l'exécution encore quelque temps. Ce sera nous prouver « que vous nous aimez, que de vous conserver pour des jours « plus heureux, si nous pouvons encore les espérer. *Le pré- « sent est affreux ! quel sera l'avenir ? Dieu et les méchans « seuls le savent.*

« Nous désirons sans doute beaucoup de vous voir ; mais « nous ne vous aimerions que pour nous, si nous ne balancions « pas vos tendres sentimens par la prière la plus instante, de « ne pas vous exposer dans un moment où tous les crimes ont « leur impunité, et tous les excès leurs approbateurs. »

Pourquoi, Princesse infortunée, ne cédez-vous pas aux conseils de la plus tendre amitié ? La mer qui nous sépare est moins redoutable en naufrages dans les temps les plus orageux, que les bords ensanglantés que nous habitons. Ne venez pas irriter, par votre présence, la rage des tigres qui vous attendent.

En se livrant à la même effusion de cœur, Louis écrivait à M. le Duc de Polignac :

« Le tendre intérêt que vous nous témoignez (*) porte quel- « que allégement dans notre position.....

(*) 18 Mai 1790.

« Ceux qui, sous le prétexte spécieux de tout régénérer,
« sapent les bases de la monarchie, n'ont point diminué d'au-
« dace depuis votre départ; les maux de la France augmen-
« tent progressivement d'une manière effrayante; plus je mé-
« dite l'histoire de mes aïeux, plus je suis convaincu que nous
« sommes à la veille de la subversion la plus cruelle dans ses
« résultats : *Il était si facile d'opérer le bien, lorsque moi-*
« *même j'allais au-devant de tout ce que le peuple pouvait*
« *raisonnablement ambitionner. Je n'ai du moins rien à me*
« *reprocher : j'ai tout fait pour étouffer les haines, prévenir*
« *les esprits et concilier les cœurs.* »

Mais avons-nous besoin, Messieurs, de lire encore dans son ame? Tous les actes de sa vie ne nous prouvent-ils pas qu'il ne s'est jamais occupé que de l'intérêt de ses sujets? N'est-il pas hautement reconnu, qu'il suffisait de lui montrer la félicité publique, pour l'amener aux résolutions qui pouvaient le plus répugner à son cœur? Ne l'avons-nous pas vu s'oublier lui-même dans les crises les plus violentes, pour arracher son peuple au danger qui le menaçait?

Puis-je me rappeler sans effroi le premier attentat commis contre la majesté royale, dans son palais et au milieu de ses gardes?

J'entends le bruit sourd et menaçant d'une tempête horrible. J'entends le tocsin qui réunit toutes les alarmes; les hommes, les femmes se pressent, se heurtent dans une foule immense, comme les vagues agitées s'entrechoquent dans l'océan soulevé. Les factieux dirigent sur la route de Versailles l'affreuse réunion de ces furies que le vice a grangrenées, et de ces bataillons hideux ramassés dans les boues ou dans les cachots, prêts à consommer les crimes qui leur ont été commandés.

Le récit des vengeances populaires ajoute à l'horreur de la situation du roi et de son conseil.

Faut-il repousser par la force armée ces hordes formidables qui vont se déborder sur le château ? Faut-il échapper par la fuite au fer des assassins ? La terreur, la confiance du courage, la crainte de succomber agitent tour-à-tour les esprits. On ne cesse de répéter au roi qu'il faut résolument déployer toutes ses forces, ou partir dans l'instant.

Inébranlable au milieu de l'orage, c'est toujours dans son cœur et dans son amour pour son peuple, qu'il puise les motifs de sa conduite.

Mon évasion, dit-il, *va laisser égorger par une multitude égarée, tous ceux qui ne me suivront point, il n'est pas juste d'exposer la vie de plusieurs, pour sauver la mienne. Je ne partirai pas.*

On insiste, ses amis l'en conjurent ; les séditieux, par des motifs différens, le pressent tumultueusement de les suivre à Paris.

Il rentre en lui-même, les horreurs d'une guerre civile s'offrent à son imagination, son ame se soulève, et après une profonde réflexion, il s'écrie : *j'irai à Paris, je me confie à mon peuple ; quoi qu'il arrive, je ne veux pas qu'une goutte de sang soit versée pour moi.*

Ces dernières paroles vous rappellent sans doute, Messieurs, celles de Titus pardonnant aux conjurés, et assurant *qu'il aime mieux périr, que causer la perte d'un seul homme.*

Que de rapports entre Louis et cet empereur les délices du genre-humain ! puisse l'histoire réunir les traits qui caractérisent ces deux princes !

Fut-il jamais de cœur comparable à celui de Louis XVI ?

De quelle douleur n'était-il pas pénétré de lutter en vain contre le torrent qui allait entraîner la France dans le plus affreux précipice ?

« Chaque jour » disait-il au Duc de Polignac « voit éclore « des projets plus ou moins désastreux : sans moyens repressifs « je fais seul tête à l'orage. Cela peut-il durer long-temps ? (*)

Non, votre courage est inutile, la nuit du 4 août a décidé du sort de la France ; c'est dans cette nuit que se déroula le grand plan de la révolution, et que furent renversées les premières barrières qui s'opposaient au nivellement des rangs et des fortunes : dans trois heures fut détruit l'ouvrage de dix siècles. Le parti dominant a brisé l'épée de la noblesse et anéanti ses antiques priviléges, le clergé est dépouillé de ses prérogatives, le vaisseau de l'état ne flotte plus que sur une mer orageuse, et le titre de *restaurateur de la liberté française*, qui vous a été donné au milieu des acclamations d'un peuple livré au délire d'un perfide joie, n'a été qu'un signal de détresse et d'alarme : je ne vois que la licence égorgeant la liberté, et l'anarchie siégeant sur les débris des lois. Cette réunion de notables, ces états-généraux dont les parlemens exigèrent la convocation avec tant d'empire, ces assemblées nationales qui devaient tout régénérer, n'ont eu de force que pour renverser les colonnes du temple.

Ces réformateurs politiques, ces législateurs philosophes, ces audacieux fondateurs d'un nouvel empire, étonnés du pouvoir qu'ils ont usurpé, effrayés des décombres dont ils se sont entourés, dans l'impuissance d'arrêter ni de ralentir la violence de la marche impétueuse qu'ils ont donnée à la révo-

(*) Même lettre du 18 mai 1790.

lution, n'ont laissé à la France qu'un Monarque sans monarchie, un Roi sans autorité, et après avoir parfilé sa couronne sur sa tête, l'avoir traîné lui-même dans le foyer de la sédition, ils l'ont livré à la fureur de la tempête qu'ils avaient soulevée.

Si jamais on osait inculper la mémoire de ce Roi malheureux, qu'on lise sa lettre du 7 septembre 1789.

« Tous les ordres de l'état » y est-il dit « se sont réunis,
« tout le peuple s'armait contre moi, toute l'armée oubliait
« ses sermens, l'honneur et son Roi.

« Si j'avais donné le signal du carnage, des milliers de Fran-
« çais auraient été immolés..... Tandis que l'assassin est dé-
« chiré par les remords, je puis dire hautement : je ne suis
« pas responsable du sang versé ; je n'ai point ordonné le
« meurtre ; j'ai sauvé ma famille, mes amis, tout mon peuple :
« j'ai la conscience intime d'avoir fait le bien ; mes ennemis
« ont eu recours aux forfaits. Quel est celui d'entre nous dont
« le sort est le plus digne d'envie ! Le temps, les circons-
« tances, et mille causes qu'il serait trop long de détailler,
« ont fait les malheurs de la France. Il serait trop cruel de me
« les reprocher : ce serait se joindre à mes ennemis, et déchi-
« rer ce cœur paternel. Je me suis sacrifié pour mon peuple. »

Ce peuple, Prince aussi sensible que généreux, a senti tout le prix de votre sacrifice, et n'a jamais cessé de proclamer la bonté de votre cœur.

Lisons la lettre à M. de Bouillé (*).

« Vous avez fait votre devoir, Monsieur, cessez de vous
« accuser..... Le destin s'est opposé à mes projets et aux

(*) Du 3 juillet 1791.

« vôtres ; de fatales circonstances ont paralysé ma volonté, « votre courage, et ont rendu nuls vos préparatifs. Je ne mur- « mure point contre la Providence.... Il faut une ame atroce « pour verser le sang de ses sujets, pour opposer une résis- « tance funeste et amener la guerre civile en France. Toutes « ces idées ont déchiré mon cœur.... Pour réussir, il me fallait « le cœur de Néron et l'ame de Caligula. »

Que j'aime à célébrer de pareils sentimens !

Dans l'oraison funèbre du Grand Condé, Bossuet avait à choisir entre l'éclat des victoires, les merveilles de sa vie, et la bonté de son cœur. Il ne balance pas à donner la préférence à cette vertu céleste.

« Lorsque Dieu forma le cœur et les entrailles de l'homme » dit-il « il y mit premièrement la bonté comme le premier « caractère de la nature divine, et pour être comme la marque « de cette main bienfaisante dont nous sortons. »

C'est ce caractère sacré qui distingue les règnes de Louis XII, d'Henri IV, de Louis XVI, et que nous retrouvons tout entier dans le cœur du Prince que le Ciel a rendu enfin à nos vœux.

A qui devons-nous l'abolition des corvées, la salubrité des prisons, les bornes mises à l'arbitraire des lettres de cachet, l'abrogation de la question préparatoire qui ne servait qu'à tourmenter l'innocence, sans fournir aucune preuve légale (*) contre le crime ? C'est à Louis XVI.

Son cœur était le sanctuaire de cette bonté naturelle, de

(*) Il suffisait à l'accusé de dire que les aveux faits pendant la question, lui avaient été arrachés par la force des tourmens, pour qu'ils ne pussent pas lui être opposés.

cette

cette sensibilité inaltérable qui ont caractérisé toutes ses actions.

L'héritier du trône que le ciel n'a montré qu'un instant à la terre, est tout à coup agité d'une douleur au dessus de son âge. La tendresse paternelle de Louis en est émue, il accourt et veut connaître la cause de cette étrange agitation. Ah! s'écrie-t-il, en lui montrant un livre (*) qu'il baigne de ses larmes, *le fils de Charles a-t-il pu lui survivre?*

Pourquoi vous êtes vous obstiné, mon enfant, à une lecture que je vous avais interdite, lui répond-il, en le pressant sur son sein avec une émotion qu'il ne peut contenir? N'accusez pas une nation juste et généreuse qui, tous les ans, par des prières et par un jeune solennel, cherche à expier le crime de quelques factieux; c'est en cédant au vœu de cette même nation, que ce fils a regné, après douze ans de malheur et d'espérance. *N'oubliez jamais qu'il a pardonné aux assassins de son père.*

Eh! pourquoi ne vous êtes vous pas abstenu vous-même de l'histoire effrayante de ce prince infortuné?

En vous livrant à la traduction des ouvrages anglais, avant de monter sur le trône, par quelle fatalité votre premier choix tomba-t-il sur la révolution qui signala sa rage sur une tête inviolable et sacrée?

En renouvellant le souvenir de cet affreux attentat, vous n'aviez pas prévu, que vous le rendiez familier à vos ennemis, et que vous prépariez peut-être ainsi votre funeste destinée.

La bonté inépuisable de Louis, son amour pour son peuple

(*) Histoire de Charles I.er

ont toujours été la passion de son cœur. Il n'a jamais su séparer ses intérêts de ceux de ses sujets, même dans les prières qu'il demandait à sa fille.

Cette jeune Princesse que la providence a conservée pour consoler la terre, admise pour la première fois à la table sainte, se jette aux pieds de son père qui lui donne sa bénédiction, en lui disant :

« Vous êtes en âge, ma fille, de sentir mes peines, elles » sont cruelles, *mais elles m'affligent moins, que les maux* » *qui désolent le royaume.* Les prières de l'innocence doi- » vent trouver grace auprès de Dieu. Adressez-lui les vôtres, » mon enfant, avec toute la ferveur qu'il vous inspirera. » *Demandez-lui la fin de nos malheurs. Priez souvent pour* » *mon peuple dont la situation, je vous le répète, déchire* » *mon cœur.* »

A son retour de Varennes (*), un membre de l'assemblée nationale se permet de blâmer le parti qu'il avait pris. « On » sentait déjà, Sire, le besoin qu'on avait de Votre Majesté, » on allait revenir à vous : votre départ a donné à l'assem- » blée une force nouvelle. »

Ah ! s'empresse-t-il de lui répondre, *qu'elle s'en serve pour le bonheur du peuple, et je la bénirai à jamais.*

Deux commissaires de la municipalité étaient chargés de sa garde.

Un d'eux s'écrie tout-à-coup, en s'adressant au Roi : *venez vite, venez voir un spectacle curieux*, l'autre se hâte au contraire de se placer au devant de lui, *ah ! non, non*, lui dit-il, *de grâce, n'approchez point, ne regardez pas.*

(*) 22 juin 1791.

Quelle horreur! peut-on vous appeler pour vous faire voir un semblable objet?

C'était la tête de la Princesse de Lamballe qui venait d'être égorgée dans l'épouvantable boucherie des 2 et 3 septembre.

En racontant, dans les derniers jours de sa vie, cette affreuse anecdote à M. de Malesherbes, Louis lui exprimait, en versant des larmes, combien il avait été sensible au procédé de ce commissaire : « Ne pouvant mieux faire » ajouta-t-il « je l'ai « prié de me dire son nom et son adresse. »

L'avez-vous aussi demandé à l'autre, dit M. de Malesherbes?

Oh! l'autre, je ne veux pas le connaître.

Ce trait peint toute son ame : dans toutes les circonstances où il s'est trouvé, il n'a retenu que le souvenir de ceux qui lui ont donné quelque marque d'intérêt.

« Je n'ai point de termes, mon cher Malesherbes, pour vous « exprimer ma sensibilité pour votre sublime dévouement, » lui dit-il dans sa lettre datée du *Temple*. « Vous avez été au « devant de mes vœux : votre main octogénaire s'est étendue « vers moi pour me repousser de l'échafaud; et si j'avais en- « core mon trône, je devrais le partager avec vous, pour me « rendre digne de la moitié qui m'en resterait. Mais je n'ai « que des chaînes que vous rendez plus légères en les soule- « vant : je vous renvoie au Ciel et à votre propre cœur, pour « vous tenir lieu de récompense.

« Je ne me fais pas illusion sur mon sort; les ingrats qui « m'ont détrôné ne s'arrêteront pas au milieu de leur carrière; « ils auraient trop à rougir de voir sans cesse, sous leurs yeux, « leurs victimes. Je subirai le sort de Charles I.er, et mon « sang coulera pour me punir de n'en avoir jamais versé.

« Mais ne serait-il pas possible d'ennoblir mes derniers

« moments ? L'assemblée nationale renferme dans son sein les
« dévastateurs de ma monarchie, *mes dénonciateurs, mes*
« *juges, et probablement mes bourreaux. On n'éclaire*
« *pas de pareils hommes ; on ne les rend pas justes ; on peut*
« *encore moins les attendrir* : ne vaudrait-il pas mieux mettre
« quelque nerf dans ma défense, dont la faiblesse ne me sau-
« vera pas ? J'imagine qu'il faudrait l'adresser, non à la con-
« vention, mais à la France entière qui jugerait mes juges,
« et me rendrait, dans le cœur de mes peuples, une place
« que je n'ai jamais mérité de perdre. Alors mon rôle, à moi,
« se bornerait à ne point reconnaître la compétence du tribu-
« nal où la force me ferait comparaître. Je garderais un silence
« plein de dignité, et, en me condamnant, les hommes qui
« se disent mes juges, ne seraient plus que mes assassins.

« Au reste, vous êtes, mon cher Malesherbes, plus éclairé
« que moi : pesez dans votre sagesse mes raisons et les vôtres ;
« je souscris aveuglément à tout ce que vous ferez : si vous
« assurez cette vie, je la conserverai pour vous faire ressouve-
« nir de votre bienfait ; si on nous la ravit, nous nous re-
« trouverons, avec plus de charmes encore, au séjour de
« l'immortalité. »

Ses défenseurs, nourris dans les principes de la justice, ne pouvant pas se persuader qu'elle résistât toujours à l'innocence, crurent devoir lui prêter leur ministère jusqu'au dernier moment.

Témoin d'un zèle aussi ardent que pur, Louis se trouvant seul avec M. de Malesherbes, *j'ai une grande peine*, lui dit-il : *comment reconnaître les grandes obligations que j'ai à MM. Tronchet et Deseze ? Je n'ai plus rien.....*

Ils entrent dans le même instant, Louis se précipite dans

leurs bras, les presse contre son cœur; la sensibilité lui coupe la parole.

M. de Malesherbes partage la même émotion, et ces deux vieillards, cet orateur, ce monarque confondent ainsi leurs sentimens et leurs larmes.

Le même jour, marchant à grands pas dans sa chambre, tenant un morceau de pain, tourmenté de l'impuissance de donner quelque marque de gratitude au serviteur courageux et fidèle qui s'était volontairement jeté dans la prison de son malheureux maître, Louis s'arrête, se tourne tout-à-coup lui présente l'aliment qu'il tient dans sa main, et lui dit: *Clery, rompez ce pain, prenez-en la moitié, afin qu'il soit dit, qu'avant ma mort, j'ai au moins partagé quelque chose avec vous.*

Français, voilà votre Roi; il n'a en son pouvoir qu'un morceau de pain à partager.

Il m'est impossible, Messieurs, de poursuivre; la délicatesse, la sensibilité de son cœur, sont au dessus de toute expression: heureux les sujets qui ont pu porter des consolations dans ce cœur paternel! Malesherbes, Tronchet, Deseze, vos noms sont devenus inséparables de sa mémoire, Clery marchera à votre suite, toutes les générations vous couvriront de bénédictions, de larmes d'attendrissement et de reconnaissance; vous traverserez tous les siècles, pour attester à la postérité, que la bonté de Louis XVI n'a jamais été altérée ni par l'acharnement de ses persécuteurs, au milieu des plus horribles convulsions, ni par les coups imprévus de la plus affreuse adversité.

Voyons comment il l'a supportée, et si à la bonté du cœur il a joint l'héroïsme de l'ame.

SECONDE PARTIE.

En représentant le juste aux prises avec le crime, Platon appelle les hommes et les Dieux, pour être les témoins de ce combat qu'il regarde comme un spectacle digne du ciel et de la terre.

Nous avons vu, Messieurs, la lutte épouvantable que Louis XVI a eu à soutenir, et qu'il a soutenue avec le vrai courage qui consiste dans cette grandeur, cette force d'ame que les revers les plus extraordinaires, comme les moins mérités, ne peuvent ni troubler, ni ébranler, dans ce sentiment d'une conscience pure qui, par caractère ou par réflexion, fait face à tous les dangers.

La France a été le théâtre du combat le plus obstiné entre la bonne foi et la perfidie, la bienfaisance et la férocité, la justice des premiers âges et la corruption d'un siècle pervers, la volonté franche et loyale de maintenir une autorité tutélaire et les assauts violens d'une secte qui voulant tout niveler pour tout détruire, méditait depuis long-temps le renversement du trône, pour arriver à celui des autels.

Louis a vu sans frayeur les coups portés à la majesté royale, comme le juste verrait la chûte de l'univers sans en être épouvanté.

Rien ne peut mieux nous dévoiler l'énergie de son caractère et de son ame, que deux de ses lettres aux ministres *Roland* et *Dumourier*.

« On peut m'étonner » dit-il à *Roland* (*) » mais on ne

(*) 21 Mars 1790.

« peut m'inspirer aucune crainte, et jamais maîtriser mon « ame par ce moyen. Je sais que le parti dont vous me vantez le patriotisme, la puissance et la grande influence, est « capable de tout oser ; mais je sais aussi que celui qui lui « est opposé se compose d'une majorité de gens de bien qui « doivent enfin montrer de l'audace, et user du courage de « la vertu.

« Je sais que je puis succomber, que les méchans sont « capables de tout ; que le peuple égaré croit à leur patriotisme, à leur désintéressement ; mais, Monsieur, j'ose « prédire que leur triomphe ne sera pas de longue durée ; si « je succombe, ils voudront partager mes dépouilles ; ce « partage amenera de funestes divisions ; les gens de bien « pourront alors respirer un moment ; c'est alors qu'ils retrouveront leur courage ; leur cause est juste. *Un jour peut-être « les Français daigneront justifier ma mémoire.* Monsieur, « je ne verrai point ces gens-là, et jamais je ne pourrais « transiger avec eux. Voilà ma résolution ; elle est immuable.

« On veut que je transige avec le crime » écrit-il à Doumourier (*) « on me fait d'insolentes propositions ; on prétend « avilir mon ame après avoir avili ma couronne ; on voudrait « que les factieux pussent se glorifier de me voir, pour eux, « renoncer à la grandeur, à la noble fierté qui me convient, « à ma probité, pour aller me placer dans leur rang, coiffer « leur bonnet rouge, et fraterniser avec les enfans perdus « d'une fangeuse démagogie..... Non, point de transaction « avec le crime ; mon cœur abhorre l'imposture......

« Si vous avez promis, Monsieur, retirez votre parole ;

(*) 24 avril 1790.

« dites bien à ceux qui vous ont fait d'insidieuses propositions, que je ne puis les accepter..... Dites-leur qu'elles me font horreur.

« Qu'ils me calomnient, qu'ils se vengent, je serai fidèle aux gens de bien qui me regardent; à tous le Français que la nuit de l'erreur et du mensonge ne doit pas envelopper toujours, et dont je serai constamment le père et le meilleur ami. Voilà, Monsieur, ma profession de foi et ma réponse; vous pouvez la faire connaître, vous ne serez pas désavoué. »

Jetons un coup d'œil rapide sur les autres preuves écrites, sur cette correspondance intime, confide[illegible] et dépositaire des sentimens qui l'ont inspirée, partout nous retrouverons cette courageuse résignation, cet héroïsme de l'ame qui ont caractérisé Louis.

« Mes ennemis » écrit-il au Prince de Condé (*) » crient « *aux armes*, leurs agens, bien endoctrinés, se répandent « dans les rues, dans les places publiques, sous les fenêtres « de mon château; et tous les jours ils font retentir à mes « oreilles ce cri funèbre : *la guerre ! la guerre !* Je suis « épouvanté de leur ténacité, de leur fureur, de leurs cris « de rage. Les insensés ! ils veulent la guerre : ah ! si jamais « le signal était donné, elle serait longue et cruelle ! comme « elle n'aurait d'autre objet que la vengeance et la haine, elle « deviendrait barbare. O Dieu ! préservez la France de ce « funeste fléau, que ces hurlemens ne soient point entendus ! « s'il me faut descendre du trône, monter sur l'échafaud, « abandonner ce que j'ai de plus cher au monde, me voilà « prêt ; mais *point de guerre, point de guerre !* »

(*) Le 15 août 1791.

David

David obligé, de la part de Dieu, de choisir entre la guerre civile, la famine et la peste, préféra ce dernier fléau aux horreurs du premier (*). Pour préserver son peuple des mêmes horreurs, Louis XVI offre à Dieu le sacrifice de sa vie.

« Je puis éprouver le sort de Charles I.er (**), quand « les barrières de la justice sont rompues, il n'y a pas « plus de sûreté pour celui qui règne, que pour celui qui aspire à régner. Lorsque la tempête brise le vaisseau, il ne « reste au passager *que le courage de la résignation ;* c'est à « peu-près ma position. Les périls qu'on me fait appréhender, « n'altéreront jamais ce que je me dois comme Roi, et comme « chef d'une des premières nations du monde.

« L'audace des factieux n'a plus de frein (***), des lettres anonymes me parviennent de toute part. On m'annonce que nous touchons à l'époque d'une tragédie « dont le dénouement sera la chûte de la monarchie et ma « mort, si je ne me décide à rentrer dans la vie privée. Je « n'écouterai point ces insinuations criminelles ; je mourrai « où la providence m'a placé, imperturbable, parce que je « n'ai jamais cessé d'être juste : je suis entièrement résigné à « tout. *Dieu et l'espérance ;* voilà, mon frère, ce qui ne « peut m'être ravi. J'ai pour braver la haine des méchans, *ma « conscience et la fermeté du malheur.* »

C'est cette fermeté inébranlable qui l'a toujours élevé au dessus de tous le événemens.

M. Deseze lui fait la lecture de son plaidoyer. M. de

(*) 3.e livre des Rois, chap. 24, vers. 12, 13 et 14.
(**) Lettre du 28 avril 1792, à MONSIEUR.
(***) 29 mai suivant.

Malesherbes atteste, qu'il n'a jamais rien vu de si pathétique que sa péroraison, que M. Tronchet et lui en furent touchés jusqu'aux larmes.

Pénétré de reconnaissance envers l'orateur, Louis va sans doute applaudir à cette partie du discours, d'autant plus importante, qu'elle peut devenir décisive; les cœurs les plus endurcis peuvent être émus, un instant de compassion peut faire place à la rage, une péroraison qui accable l'injustice, porte la conviction, jette l'effroi dans les consciences et arrache des larmes, peut épouvanter les juges les plus pervers; *il faut la supprimer*, dit le Roi, *je ne veux pas l attendrir, ils croiraient que j'en ai besoin.*

Rien n'a donc pu abattre ni affaiblir ce courage invincible, cet héroïsme de l'ame qu'il a fait éclater dans tout le cours de la révolution.

Quelle a été sa conduite dans les fatales journées du 5 au 6 octobre, du 20 juin, du 10 août? A-t-il montré une faiblesse avilissante et indigne d'un Roi de France, ou a-t-il déployé cette vertu mâle, ce courage commandé par les malheureuses circonstances où la fatalité l'avait précipité?

Avec quelle grandeur d'ame n'a-t-il pas soutenu le choc inoui de l'adversité dans l'affreuse nuit du 5 au 6 octobre (*) : avec quelle dignité n'a-t-il pas agrandi son caractère sur ce théâtre de crimes et de carnage?

Tandis que les assassins massacraient les gardes du corps, parcouraient les appartemens de la Reine; et trompés dans leur rage, déchiraient à coups de sabre le lit d'où elle venait de s'échapper; tandis que le jour commençait à éclairer les

(*) 1789.

atrocités de la nuit, et que des torrens de sang allaient couler, Louis s'élevant au-dessus de lui-même, accepte la proposition qu'il avait d'abord rejetée. Il a le courage de se livrer à une populace effrénée, et de se laisser emmener à Paris comme un captif, afin d'arracher ainsi sa famille et ses amis aux poignards qui les poursuivent.

Trente mille brigands inondent les cours, les terrasses et le château des Tuileries (*) : tout retentit de hurlemens et de menaces effroyables. Un canon est traîné, à force de bras, sur la porte de la salle des gardes ; on va la briser ; c'en est fait de la famille royale : un seul homme arrête ces tigres altérés de sang, et cet homme est Louis XVI.

Il court à la porte : *ouvrez*, dit-il aux Suisses, *je ne dois avoir rien à craindre des Français.*

On obéit, des forcenés s'élancent en criant, *où est-il ? que nous l'égorgions.*

Déjà les Suisses de sa garde ont tiré leur épée. *Non*, leur dit tranquillement le Roi, *remettez votre épée dans le fourreau, je vous l'ordonne.*

Cependant on l'entraine au fond de la salle. Des misérables crient alors : *où est la Reine ? nous voulons sa tête ?*

La généreuse Elisabeth, qui n'avait pas quitté son frère dans ce danger, se tourne vers les assassins, et leur dit avec fermeté : *la voici la Reine.*

Victime volontaire, c'est en vain que vous appelez sur vous les poignards altérés du sang qu'ils brûlent de répandre. Ce mensonge héroïque ne servira qu'à montrer à la postérité toute l'étendue de votre courage ; de cris multipliés ont averti de

(*) 20 juin 1792.

la méprise, le temps de votre sacrifice n'est pas encore arrivé; ange tutélaire, vous êtes réservée pour adoucir l'amertume de la coupe qui va se répandre sur tout ce qui vous environne.

L'aspect de cette Princesse auguste, l'empreinte touchante de douleur et de dignité de la Reine entourée de ses enfans, l'intrépidité du Roi, la sérénité de son front déconcertent cette horde affamée de meurtres.

Un des chefs les plus bouillans, déconcerté lui-même, dit au Roi de ne rien craindre.

Moi craindre, répond Louis avec vivacité, *lorsqu'on a sa conscience pure, on ne craint pas la mort. Tiens*, ajouta-t-il, en prenant la main d'un grenadier qui était à côté de lui, *mets-la sur mon cœur, et dis à cet homme s'il bat plus vîte qu'à l'ordinaire.*

Il va nous raconter lui-même les horreurs de cette journée, dans deux lettres, une à MESDAMES et l'autre à MONSIEUR.

« Nos malheurs, mes chères tantes, sont parvenus au « dernier degré : le plus horrible attentat a eu lieu; mon « asile a été violé; j'ai été insulté, menacé, exposé aux coups « des assassins. L'Europe apprendra sans doute, avec la plus « profonde indignation, ce nouvel outrage fait à ma per- « sonne. La Providence veille encore sur moi et sur ma fa- « mille; puisse le Ciel détourner l'orage qui gronde, et sau- « ver celui qui vous aime! Je vous félicite d'être loin d'une « terre où le crime veille, où les lois ne peuvent atteindre « les coupables, où l'autorité n'a plus de force, où la vertu « est sans considération, et la licence érigée en patriotisme! »

« Vous êtes déjà instruit, mon cher frère » dit-il dans une lettre du 1.er juillet « des outrages que j'ai endurés dans la « journée du 20 juin; outrages d'autant plus sensibles, que

« la portion du peuple qui a violé ma demeure, était guidée « par des hommes que j'avais autrefois comblés de mes bien- « faits. La garde nationale qui devait, à tous les titres, me « défendre, était vendue aux perturbateurs : leur chef était « trop fier de me braver, pour être tenté d'user de son au- « torité.

« J'ai opposé aux clameurs de la malveillance le calme de « l'imperturbabilité ; cette fermeté froide a déconcerté, pour « ce jour-là, leurs projets sanguinaires .... La Reine et toute « ma famille ont montré une résignation héroïque : nous « sommes familiarisés depuis long-temps à croire tout possi- « ble : notre sort est trop au-dessous de l'envie, pour que « le crime achève ce qu'il a commencé.... Sans les consola- « tions de la religion, il y a déjà long-temps que j'aurais « renoncé au pouvoir suprême. Dumourier m'a proposé di- « vers plans pour déjouer les complots des Jacobins, des « Robespierre et des Danton ; *mais cela ne pourrait se faire « sans une grande effusion de sang : j'aime mille fois mieux « être la victime des méchans, que de souiller ma vie par « la mort d'un seul Français !*

« J'ignore, mon cher frère, ce que la fortune me réserve « dans l'avenir ; quant au moment, on ne peut être plus « malheureux que l'est votre ami et votre frère. »

Ah ! Prince trop confiant, ne croyez pas que le crime balance à *achever ce qu'il a commencé.* Plus vous êtes avare du sang de vos sujets, plus les méchans sont altérés du vôtre. La journée du 20 juin n'est que le prélude de celle du 10 août.

Ce jour fatal est arrivé (*), tout ce que la scélératesse,

(*) 10 août 1792.

la rage et la trahison peuvent réunir, est sous les armes. Le Roi visite les postes qui doivent le défendre.

En jetant les yeux sur ces forces réunies, et sur les masses toujours croissantes de la révolte, il n'a d'autre perspective, que celle d'attendre la mort de la main de ses sujets, ou de donner le signal du combat; « mais quel combat horrible ! » comme il le disait lui-même à M. le Comte d'Artois. (*) « Et « quelle victoire plus horrible encore ! Tous les Français « sont mes enfans, je suis le père commun de la grande fa- « mille confiée à mes soins. »

Dieu, protecteur de la France, arrachez Louis à cette crise douloureuse; dissipez cette horde infernale, calmez la fureur de ce peuple livré à tous les accès de la plus violente frénésie !.. Mais le tumulte augmente, les rapports les plus alarmans, les plus sinistres présages se succèdent; le procureur-général syndic du département, directeur de la force publique, lui déclare, en présence des ministres, que le danger est à son comble, qu'il n'y a qu'un moyen d'y échapper; que ce n'est qu'en se réfugiant dans le sein de l'assemblée législative, qu'il peut sauver sa vie, celle de la famille royale, et arrêter le cours des massacres qui se multipliaient sous ses yeux.

Louis savait qu'il allait se jeter dans le sein de la perfidie; mais le sang de sa famille, celui de ses amis, celui de ce peuple ingrat dont il fait son idole, étouffent tous ses pressentimens. Il nous a déjà dit, qu'il ne veut pas *qu'une goutte de sang soit répandue pour lui.* Voilà la seule voix qui crie au fond de son cœur : il n'y a plus à délibérer; il entre dans l'assemblée, et lui dit avec autant de dignité que de courage : *Je*

(*) Lettre du 7 septembre 1789.

suis venu ici pour épargner un grand crime, je me crois toujours en sûreté avec ma famille, au milieu des représentans de la nation : j'y passerai la journée.

Comment a-t-on répondu à cette noble confiance ?

Ils sont retenus pendant trois jours d'abord dans un réduit si étroit, qu'il peut à peine les contenir, ensuite dans un lieu voisin de l'assemblée, afin qu'ils puissent entendre eux-mêmes les éclats de sa fureur, et voir le trône nageant dans le sang

Mais quels sont ces grands coupables qu'on transporte au milieu des huées et des imprécations ? Quel peut être ce redoutable conspirateur, ce criminel d'état, cet objet de la haine publique, qu'on va jeter avec toute sa famille dans l'horrible prison du Temple ? Pourquoi ce large et profond fossé ? Pourquoi ces huit portes en fer ? Pourquoi ces trois cents hommes qui veillent sans cesse autour de cet antre de douleur ? Plumes, encre, papier, crayons, tout lui est enlevé. Des commissaires de la municipalité le gardent à vue, avec défenses de le laisser parler bas, même pendant la nuit.

Français, dans cet état d'avilissement et d'horreur, reconnaissez-vous le successeur de Charlemagne, le fils du grand Dauphin, le meilleur ami de son peuple, le père de tous ses sujets ? Ces outrages faits à votre Roi qui tombe ainsi dans une affreuse prison, du haut du premier trône du monde, ne peuvent qu'exciter votre indignation.

Le poids de mon triste ministère m'accable, je n'ai que des larmes à vous offrir, à l'aspect de cette généreuse victime dont le supplice est préparé par la main des furies, dans le sein de la capitale, sous les yeux et par les ordres des traîtres, dans les bras desquels il s'était jeté, pour épargner le grand crime qui va se consommer.

C'est Louis, Messieurs, c'est lui-même qui, dans sa lettre du 11 à MONSIEUR, va vous faire ce douloureux récit; ses paroles vous inspireront plus d'intérêt et plus de sensibilité.

« Le sang et le feu ont tour-à-tour signalé l'affreuse journée « d'hier, mon cher frère : contraint de quitter mon palais « avec ma famille, de chercher un asile au milieu de mes plus « cruels ennemis, c'est sous leurs yeux même que je vous « trace, peut-être pour la dernière fois, mon affreuse posi- « tion. François I.er, dans une circonstance périlleuse, écrivit : « *tout est perdu hors l'honneur;* moi je n'ai plus d'autre « espoir que dans la justice de Dieu, dans la pureté des in- « tentions bienfaisantes que je n'ai jamais cessé d'avoir pour « les Français. Si je succombe, comme tout porte à le croire, « *souvenez-vous d'imiter Henri IV pendant le siége de* « *Paris, et Louis XII lorsqu'il monta sur le trône.*

« Adieu, mon cœur est oppressé; tout ce que je vois, tout « ce que j'entends est fait pour m'affliger. J'ignore quand et « comment je pourrai désormais vous écrire. »

Tout a disparu, la déchéance est prononcée, les hommes ont abandonné Louis, il ne lui reste que son courage et sa vertu.

« Je ne suis plus Roi » ajoute-t-il dans sa lettre du lendemain, « le cri public vous fera connaître la plus cruelle catas- « trophe.... Je suis le plus infortuné des époux et des pères... « Je suis victime de ma bonté, de la crainte, de l'espérance : « c'est un mystère inconcevable d'iniquité! on m'a tout ravi; « on a massacré mes fidèles sujets; et l'on m'accuse! me voilà « captif; la Reine, mes enfans, Madame Élisabeth partagent mon

« mon triste sort. Je n'en puis plus douter ! je suis un objet « odieux aux yeux des Français prévenus.... *Voilà le coup « le plus cruel à supporter.* Mon frère, bientôt je ne serai « plus, songez à venger ma mémoire, en publiant *combien « j'aimais ce peuple ingrat.* Un jour rappelez-lui ses torts, « et dites-lui que je lui ai pardonné. Adieu, mon frère, pour « la dernière fois. »

Oui, vous serez vengé, la mémoire du juste ne périra pas. Après que la rage des hommes et les puissances de l'enfer se seront déchaînées contre vous, l'univers entier saura, que le ciel a été dans votre cœur, jusqu'au dernier moment de votre sacrifice ; ce peuple ingrat connaîtra vos dernières paroles : *Peuple, je meurs innocent de tout ce dont on m'inculpe, puisse mon sang cimenter le bonheur de la France !*

J'épargne, Messieurs, à votre douleur, le récit déchirant de tout ce qu'il a souffert pendant cinq mois dans la tour du Temple, de cette chaîne continuelle de privations, d'insultes, d'outrages, et du courage avec lequel il a supporté la cruelle séparation d'avec la Reine et sa famille : je voudrais vous le montrer écoutant la lecture de son arrêt de mort, avec le calme de l'innocence et cette grandeur d'ame, cette résignation qui ont arraché à deux de ses plus acharnés détracteurs, l'aveu *qu'il était visiblement au-dessus des autres hommes.*

Ce fatal arrêt est irrévocable, la demande en sursis, l'appel au peuple sont rejetés, dans vingt-quatre heures tout doit être consommé.

Dans cette désolante situation, ne serait-il pas permis à un souverain qui ne craint pas la mort, d'échapper à l'infamie et à l'opprobre, en tranchant lui-même la trame d'une vie dont le terme est déjà fixé au lendemain ?

C'est ce que vous redoutiez, atroces cannibales ; rassurez-vous, sa grande ame est au-dessus de votre perversité, elle est restée debout sur les débris des grandeurs humaines ; il gardera le poste où la Providence l'a placé, jusqu'à ce qu'il lui plaise de l'en retirer ; venez vous rassasier du barbare plaisir de voir tomber sa tête, et de faire couler son sang aux yeux de la populace que vous avez enivrée de votre fureur.

C'est dans les accès de cette fureur délirante, que des commissaires de la municipalité vont notifier à Louis, avant son dernier repas, que l'usage de tout instrument tranchant lui est interdit (*).

« Quoi donc » s'écrie-t-il « me croirait-on assez lâche et « assez peu fidèle à mes sentimens religieux, pour attenter à « ma vie ? Je mourrai sans crainte ; je voudrais que ma mort « pût éloigner de la France les malheurs que je prévois ! »

Approchez, si vous l'osez, de cet autel informe qu'il lui est permis d'élever, le dernier jour de sa vie, et voyez si rien a pu altérer la paix de son cœur et le calme de son ame.

Au pied de ce même autel où l'Homme-Dieu se dépouille de sa gloire céleste, et s'immole pour la rédemption du monde, il oublie qu'il a été Roi, et s'immole lui-même pour le bonheur de son peuple.

Comme lui il pardonne à l'égarement de ses sujets, et demande au Ciel, que son sang ne retombe pas sur eux.

Comme lui, victime expiatoire, il s'anéantit sous la main de l'éternel, se soumet à l'accomplissement de sa volonté, se

(*) L'arrêté portait qu'il ne lui serait pas permis de se servir même de fourchette ni de couteau.

résigne à boire le calice qui lui est destiné, adore les décrets de la Providence, et renouvelle le sacrifice de sa vie.

Nourri du pain des anges, animé de l'esprit du Dieu de force qu'il vient de recevoir, il se lève, et avec le courage des martyrs, il ordonne aux féroces satellites qui l'entourent, de le conduire à la mort.

Ah ! ne prolongeons pas cette terrible agonie. Mon ame se glace.... Qu'entends-je.... L'œuvre infernale est accomplie......

Tremblez, juges prévaricateurs ; le canon que vous aviez chargé d'annoncer votre exécrable triomphe, annonce à l'Europe votre éternelle ignominie, et fixe sur votre front la tache ineffaçable du sang innocent que vous avez répandu. Jour affreux.... L'histoire même frémit d'être forcée de consigner cet incroyable parricide dans les annales de la nation. Je n'ai le courage de les ouvrir, que pour y lire !

« Si vous m'aimez, mon cher Malesherbes, cessez de vous
« affliger. L'honneur de mon peuple est sauvé, puisqu'on a
« craint de le consulter ; un jour viendra, qu'on rendra jus-
« tice à ma mémoire. Je vois le terme de mes maux, *ne*
« *m'enviez pas le seul asile qui me reste.* »

Oui, vous allez recevoir la récompense de vos vertus, *fils de St. Louis, montez au Ciel.* C'est là que je me plais à vous suivre et à vous contempler, la terre n'est plus digne de vous posséder. Encore quelques instans, et cette Reine qui embellissait votre trône, et cette divine sœur qui participait à tous vos dangers, et ce précieux enfant que vous destiniez au bonheur de la nation, vont partager vos palmes et votre gloire.

Dieu de miséricorde, laisse-nous au moins le seul rejeton qui nous reste de ce père infortuné et de cette mère adorée ;

couvre d'une ombre conservatrice, peut-être l'unique objet de nos espérances, cette vierge de prédilection, cette tendre orpheline, errante dans une vallée de larmes, cherchant en vain quelque consolation et quelque appui dans les horreurs de son affreuse prison; et traçant alternativement sur un des murs : *ô mon père, veillez sur moi du haut des cieux! ô mon Dieu, pardonnez à ceux qui l'ont fait mourir.* (*) Puisse la Providence l'envoyer comme la colombe, dans les parties du globe où l'auguste race des Bourbons aura pu prendre terre, et nous la ramener, lorsque le déluge des erreurs et des crimes se sera écoulé !

Mais il ne suffit pas que Louis ait été justifié dans les cieux, les décrets éternels veulent encore qu'il le soit sur la terre.

A peine le coup mortel a-t-il été porté, qu'un crêpe de douleur s'est étendu sur toute la France, et tous les yeux ont versé des larmes à la lecture de ce testament, dont chaque ligne imprime dans les cœurs le caractère de la magnanimité de son auteur, de l'héroïsme de ses vertus, de la sublimité de ses sentimens, de la pureté de sa foi, de sa tendresse pour un peuple dénaturé, et de la générosité du pardon qu'il ne cesse de lui accorder.

Mais comment ce testament est-il parvenu jusqu'à nous? (**)

Par quel miraculeux événement *cet ouvrage immortel* se

(*) *Rovere*, un des Regicides, déclare qu'en lisant ces mots écrits au crayon, tracés par Madame Royale avec un vœu religieux pour le bonheur des français, un remords déchirant le poussa hors de l'appartement.

(**) En partant pour le supplice, Louis le remit à un de ces deux prêtres qui, par la profanation de leur caractère, et leur scélératesse, avaient mérité le choix de la municipalité, pour assister à ce sacrifice sanglant : il refusa de le prendre, *je ne suis chargé*, lui dit-il, *que de vous conduire à l'échafaud.*

trouve-t-il dans les mains de la municipalité comme un monument de sa réprobation ? Par quel aveuglement assez profond l'a-t-elle laissé sortir de ses mains sacriléges, pour se répandre dans toute l'Europe ?

C'est ainsi que la Providence se joue des vains projets des méchans, et qu'elle a tiré des faisceaux de lumière, du sein même des factieux qui avaient fait tant d'efforts pour l'étouffer. Elle a voulu que la gloire de Louis fût propagée par les mêmes hommes qui avaient ambitionné d'aller se repaître du spectacle de sa mort, et que ces mêmes hommes qui, par un affreux roulement de tambours, l'avaient empêché de parler à son peuple, fussent les porteurs de l'acte authentique qui dévoile toute son ame aux yeux de l'univers.

Fort de cette innocence pure et sans tache dont il a fait *sa déclaration à Dieu même, prêt à paraître devant lui*, ne pouvant pas supporter *d'être un objet odieux aux yeux des Français*, il a appelé à leur suprême jugement, de l'arrêt de mort prononcé en leur nom contre lui.

Votre appel a été entendu, le voile est déchiré, le meilleur des Rois n'a jamais cessé de régner dans le cœur des vrais Français : la nation a désavoué le forfait commis par des mandataires perfides, qui n'ont pas pu la rendre responsable de cet abominable crime. Elle a livré à l'exécration publique et signalé à la postérité cet assemblage monstrueux d'accusateurs et de juges, si altérés de sang, qu'ils se sont, pour la plupart, dévorés entre eux.

Notre douleur a été partagée par toutes les nations. Lorsqu'il s'agit d'un crime qui ébranle, pour ainsi dire, la terre, et sappe les fondemens de l'ordre social, les hommes de tous les pays ne forment qu'un seul peuple. Un mouchoir, teint du sang de Louis, a flotté sur la tour de Londres (*), comme l'étendard de la vengeance qui devait un jour réunir tous les Potentats, et remettre la couronne sur la tête de nos Rois.

France quitte enfin tes habits de deuil, les temps sont accomplis, la Providence a ramené tes légitimes souverains qu'elle avait déposés sous un ciel étranger. Les vœux de Louis XVI et les nôtres sont exaucés, Henri IV et Louis XII sont remontés sur le trône; la religion, les lois et les mœurs ont repris leurs droits et leur autorité; et cette jeune Princesse, le pur sang de Louis XVI, échappée à la hache révolutionnaire, a été conservée au milieu des bourreaux de sa famille, comme l'arche au milieu des philistins, pour être, par son union à l'héritier du trône, l'ange tutélaire de la nation, les délices de son auguste époux, l'idole des Français et le modèle de toutes les vertus.

(*) Discours sur l'antiquité du gouvernement de la monarchie française, page 309.

DISCOURS

Prononcé dans la Séance publique du 21 Janvier 1815,

Par M. JAMME, Président de l'Académie des Sciences, Inscriptions et Belles-Lettres, relativement à un Prix d'un Lis d'or, de valeur de six cents francs, destiné, sur sa proposition, au meilleur Eloge de Louis XVI, et que l'Académie délivrera dans sa Séance publique du 25 Août 1816.

MESSIEURS,

En ce jour où la France prosternée au pied des Autels verse des larmes sur le tombeau de LOUIS XVI, l'Académie s'empresse de venir joindre sa douleur à la douleur publique.

Fondée par Louis le Bien-Aimé, spécialement dévouée à l'auguste Famille des Bourbons, elle avait ouvert la lice, et proposé un Prix extraordinaire au meilleur éloge du plus infortuné des Rois.

Nous nous flattions, Messieurs, de pouvoir décerner aujourd'hui la palme triomphale.

Jamais concours n'avait donné de plus [illegible] espérances; tous les rangs, toutes les classes de la s[illegible]té avaient réuni le tribut de leur respect et de leur amour, et ce n'est pas sans attendrissement, que nous avons vu des écrivains de tous les genres se jeter dans la foule, pour venir mêler leur voix aux accens mâles et sublimes des orateurs les plus consommés, afin qu'il s'élevât, autour de cette tombe révérée, un concert de louanges, qui portât jusqu'aux Cieux l'hommage douloureux de la terre, dans la confiance que l'expression du talent, même le plus faible, serait au moins regardée comme l'offrande du sentiment et l'explosion du cœur.

Malgré les efforts du génie et de l'éloquence, les orateurs n'ont pas parfaitement répondu aux vues de l'Académie. Sa gloire et celle des concurrens qui ont le plus approché du Prix, nous ont déterminés à leur permettre de retoucher leurs ouvrages, pour leur donner la perfection qui leur manque. C'est lorsqu'ils y seront parvenus, qu'ils apprécieront la sagesse qui, en retardant leur récompense, la rendra plus solide et plus brillante.

L'éloge de LOUIS XVI est peut-être le plus difficile et le plus beau sujet à traiter : quel Roi montra jamais pour la paix et le bonheur de son peuple, un dévouement si constant et si généreux ?

Quel est le Roi qui ait mieux aimé faire le sacrifice de sa vie et verser son sang sur l'échafaud, que de voir couler le sang même de ses ennemis, et qui, en écoutant, sans s'émouvoir, son arrêt de mort, ait arraché des larmes de rage, au cannibale (*) qui, au lieu d'éprouver la barbare joie à laquelle il s'était préparé, fut forcé de s'écrier : *il y a en lui, quelque chose de visiblement au dessus de l'homme ?*

C'est le comble de l'héroïsme, c'est la résignation de l'ame forte qui s'élève au dessus du malheur.

L'Académie désire ardemment la perfection de cet éloge,

(*) Hébert.

et

et c'est pour en faciliter les moyens, qu'elle a renvoyé la distribution du Prix, au 25 Août 1816, jour destiné à consacrer les talens vainqueurs.

Son vœu ne sera rempli, que lorsqu'elle pourra reposer ses regards sur un ouvrage digne de transmettre à nos derniers neveux, les vrais caractères de la vie et de la mort de ce pieux Monarque, objet de la vénération publique.

Avons-nous à craindre que ce retard puisse nuire à sa mémoire ? Non, Messieurs, il la rendra plus précieuse encore : ne découvre-t-on pas tous les jours dans les actions de LOUIS XVI, des qualités distinctives qu'on n'avait pas encore aperçues, ou qu'on n'avait pas assez approfondies ? N'a-t-on pas recueilli et de nouveaux faits et de nouveaux monumens qui ajouteront à l'éclat de sa gloire ?

Puissent les orateurs transmettre à la postérité ces vertus douces, cette ame expansive, cette loyauté des premiers âges, ce calme inébranlable, cette imperturbable sérénité, cette pureté de mœurs que les vapeurs de la terre n'ont jamais altérée, cette clémence qu'aucun outrage n'a émue, qu'aucun crime n'a pu lasser, cet amour de son peuple qui ne s'est jamais ralenti, cet amour si fortement exprimé par ses dernières paroles, *puisse mon sang cimenter le bonheur de la France!* C'est dans son cœur, qu'ils trouveront les couleurs les plus propres à peindre cette heureuse réunion.

La douleur que cause la perte d'un Roi qui subit sa destinée suivant les lois de la nature, doit être sans doute durable ; mais l'horrible attentat commis sur un Roi innocent, immolé par la férocité à la fleur de l'âge, livré à un infame supplice, a dû briser pour toujours le cœur de ses sujets, comme il a brisé les liens de l'ordre social ; il a dû bouleverser, pour ainsi dire, le globe, et exciter cette douleur toujours renaissante, que la nation a déclarée éternelle.

Si vous voulez, écrivains impartiaux, élever votre esprit, étendre vos connaissances, embraser votre âme, et la nourrir de ces sentimens que le Ciel n'inspire, qu'aux hommes qui savent les apprécier, c'est dans les écrits de ce Prince aussi éclairé, que malheureux, c'est dans son commerce épistolaire, dans sa correspondance avec sa famille et ses amis, que vous trouverez les pensées les plus profondes, une érudition étonnante, l'énergie la plus caractérisée, l'amitié la plus tendre, le courage le plus soutenu et la source toujours renaissante de cette bonté que ses injustes détracteurs avaient osé qualifier de faiblesse, vertu céleste que *Dieu mit dans le cœur de l'homme, en le créant*, d'après l'expression de Bossuet, *comme le premier caractère de sa main divine.*

C'est dans ce précieux recueil, que vous trouverez encore un avantage qui devient tous les jours bien rare, la perfection de la langue française.

Ses savantes, ses lumineuses instructions tracées pour l'éducation de son fils, toutes les vicissitudes auxquelles l'homme peut être destiné, sont exprimées, avec le ton et la convenance qui leur sont propres. Sans gêne, sans apprêt, l'amour de la vertu, l'horreur du vice, l'indignation qu'il inspire, y figurent tour à tour; les termes capables de rendre les sentimens dont son ame est pénétrée, se présentent d'eux-même. Quelle force dans l'expression, quelle correction dans le style!

C'est dans cette source, que les orateurs qui consacrent leurs talens à son éloge, doivent aller retremper leurs pinceaux: c'est là, qu'ils puiseront et les faits qui lui sont personnels, et les mots propres qu'il a lui-même employés, pour les retracer.

En méditant sur ce modèle, en s'animant de son esprit, ils éprouveront cette émotion, cette confiance dont furent pénétrés les deux grenadiers qui, en appliquant respectueusement leur sabre sur le marbre qui couvrait les cendres du Maréchal de Saxe, crurent que son courage devait passer dans leur ame.

Vous sur-tout qui courez la carrière que l'Académie a ouverte à l'émulation, et aspirez au prix qu'elle a attaché au triomphe de l'éloquence, n'oubliez pas que vous marchez entre deux écueils, que vous n'éviterez qu'en ne vous écartant jamais des règles du goût et de la vraie littérature.

Si pendant plusieurs années, malheureusement trop fameuses, l'esprit de vertige et d'erreur a pu bouleverser les grands principes de morale, de politique et de religion, il était naturel que la langue française reçût aussi les plus mortelles atteintes : nous avons été les témoins de cette effrayante introduction de mots barbares, sans harmonie, sans utilité et sans analogie, dont les orateurs du jour défiguraient leurs productions. La plume suivit les égaremens de l'esprit, les termes les plus inintelligibles parurent une conquête ; et le plus misérable écrivain se crut riche de son propre fond, lorsqu'il parlait un langage différent de celui du siècle de Louis XIV. Les talens connus étaient réduits à la fuite ou au silence, tandis que des déclamateurs fougueux, prenant la chaleur du sang pour le feu du génie, travestissaient l'éloquence, comme ils avaient travesti la liberté.

Heureusement le triomphe de ce vendalisme n'a pas été de longue durée, la société a repris insensiblement ses habitudes et son langage, et la France a rougi de ces funestes acquisitions.

Mais à ce fléau en a succédé un autre peut-être plus dangereux encore, parce qu'il est plus séduisant.

Les auteurs de ce nouveau genre avaient été signalés d'avance par Boileau.

» Toujours loin du droit sens vont chercher leurs pensées ;
» Ils croiraient s'abaisser dans leurs vers monstrueux,
» S'ils pensaient ce qu'un autre a pu penser comme eux. »

Ils confondent le génie avec le gigantesque des idées ; ils veulent être profonds et deviennent inintelligibles, un vain ton de grandeur domine dans leurs écrits ; un appareil factice cherche à subjuguer la raison par des mouvemens qui ressemblent à l'enthousiasme de l'ame, et qui ne sont que des convulsions de l'esprit.

» Rien, dit Buffon (*) n'est plus contraire à la lumière » qui doit faire corps, et se répandre uniformément dans un » écrit, que ces étincelles qu'on ne tire que par force, en » choquant les mots les uns contre les autres, et qui ne nous » éblouissent, pendant quelques instans, que pour nous laisser » ensuite dans les ténèbres. »

Si des idées nous passons aux images, on voit les tableaux surchargés de couleurs, le dessin sent la gêne et le travail, on y chercherait vainement cette touche franche et forte des grands maîtres. C'est la flamme livide et effrayante des volcans, plutôt que la douce lumière du jour ; cette manie de vouloir tout peindre avec énergie et précision, fatigue, rebute et nuit autant à la justesse qu'à la solidité des pensées. *C'est*

(*) Discours de réception à l'Académie Française.

une démangeaison de l'esprit, qui cause des tourmens insupportables au lecteur. (*) On cherche à peindre parce qu'on ne sait point sentir.

Quant au style, c'est l'abus le plus outré des métaphores; c'est le cliquetis continuel des antithèses, la recherche des hyperboles dans des acceptions forcées et ridicules, ambitieuses et bisarres, qui jettent le Français dans l'étonnement de ne plus entendre sa propre langue.

Ne pourrait-on pas comparer les fausses lueurs de cet éclat brillanté, au chant des Sirènes de la fable, que *Claudien* nous représente comme des monstres charmans, habitant sur des rochers harmonieux semés d'écueils, où les voyageurs attirés par des appas trompeurs, allaient échouer au sein de la séduction?

Ces reproches ne sont pas étrangers aux auteurs du dernier concours. L'Académie est décidée à persister dans sa résolution de leur refuser le triomphe auquel ils aspirent, si entraînés par des succès éphémères, ils continuent de préférer l'alliage à l'or pur, à l'exemple des Novateurs qui ont altéré le goût, appauvri la langue au milieu d'un luxe apparent, et fané la fleur de la véritable littérature, en la défigurant par une élocution qu'elle désavoue. C'est ainsi que la plupart des auteurs qui succédèrent au siècle d'Auguste, rendirent presque barbare la plus belle latinité.

La France offre aujourd'hui, tant de ressources, tant de moyens, tant de trésors à la majesté de l'éloquence : comment peut-on se laisser éblouir par le clinquant de la nouvelle école!

(*) Thomas, Essai sur les Eloges.

Lorsqu'une grande révolution s'est opérée dans les idées, dans les mœurs, dans le gouvernement, il est comme impossible, qu'au milieu d'une fermentation générale, l'impulsion donnée aux esprits, n'enflamme pas le génie, et n'enfante pas des productions dignes de lui; c'est alors qu'il brise ses entraves, que l'imagination peint en traits de feu, et que l'énergie devient le caractère de la nation.

C'est dans les horreurs de la tyrannie dont il avait été le témoin, que le peintre le plus énergique des hommes et des mœurs, le Michel-Ange des écrivains, Tacite puisa la brûlante expression de la haine qu'il avait jurée aux monstres qui déchirèrent les entrailles de Rome, et que sa plume a condamnés à une fatale immortalité. Son ame fière et indépendante rompant, pour ainsi dire, les liens qui l'attachaient à la terre, félicite Agricola d'être mort, sans avoir vu tant de crimes, et suit l'ombre de ce grand homme, dans les champs élisées, pour y chercher le calme qu'il ne croyait plus possible de retrouver dans l'Empire Romain.

Quand est-ce que *Vernet* demande à grands cris ses pinceaux? Quand est-ce qu'il enfante son chef-d'œuvre? c'est après la tempête qui venait d'enflammer son imagination.

Comme lui, nous avons vu la tempête; l'orage révolutionnaire nous a enveloppés, reprenons aussi nos pinceaux, et consacrons-les aux progrès de la littérature.

Dès qu'une langue est fixée par des chefs-d'œuvre, dès que de grands orateurs et de grands poètes lui ont donné toute l'abondance et toute l'étendue dont son génie la rend susceptible, l'admission de termes insolites et arbitraires, loin de l'enrichir, l'avilit, la dégrade et la corrompt.

Si les feux de Vesta furent confiés à de chastes Prêtresses, Racine, Boileau, Pascal, Bossuet, Fénélon, et tous les grands écrivains du siècle de Louis XIV, *nos maîtres éternels dans l'art de penser et d'écrire*, se sont reposés sur les corps littéraires, du soin de conserver dans leur pureté primitive, l'élégance, l'harmonie et la clarté d'une langue qu'ils ont portée au plus haut degré de perfection, et dont la supériorité n'est pas contestée, même par les peuples les plus jaloux de notre gloire.

Confions-nous à ces hommes éprouvés qui nourris de bonnes études, ont su transporter dans leurs ouvrages, les richesses de l'antiquité : ils sont dans la littérature, ce que sont les vétérans dans les armées.

Orateurs, Poëtes, Historiens, vous tous qui courez après la véritable gloire, c'est avec de pareils guides, que vous êtes assurés d'y parvenir. L'éloquence ne consiste ni dans le luxe, ni dans la pompe des expressions; c'est la nature, c'est le génie, ce sont les grands principes, les grandes vérités, le choix du sujet, qui parlent à l'ame et la maîtrisent. Si vous voulez peindre la vertu sur le trône, le retour des mœurs, de la justice et de la religion, tous les cœurs vous entendront; toutes les langues se délieront, toutes les mains se leveront vers le Ciel, pour le supplier de conserver son ouvrage, et de laisser jouir long-temps un père tendre, de l'obéissance, du respect et de l'amour de ses enfans.

www.ingramcontent.com/pod-product-compliance
Ingram Content Group UK Ltd.
Pitfield, Milton Keynes, MK11 3LW, UK
UKHW020353220726
13923UKWH00004B/1625

9 782014 433524